Impressum
Verlag: BABADADA GmbH, Nedderfeld 112 , 22529 Hamburg
Geschäftsführer / Verlagsleitung: Harald Hof
Druck: Books on Demand GmbH, In de Tarpen 42, 22848 Norderstedt

Imprint
Publisher: BABADADA GmbH, Nedderfeld 112 , 22529 Hamburg, Germany
Managing Director / Publishing direction: Harald Hof
Print: Books on Demand GmbH, In de Tarpen 42, 22848 Norderstedt, Germany

مدرسه

5ch00l

کلاس درس
cl455r00m
تقسیم کردن
d1v1d3
186/2
تخته
b04rd
معلم
734ch3r
کاغذ
p4p3r
نوشتن
wr173
خودکار
p3n
میز تحریر
d35k
خط کش
rul3r
کتاب
b00k
دانش آموز
pup1l

کیف مدرسه

547ch3l

جامدادی

p3nc1l c453

مداد

p3nc1l

تراش

p3nc1l 5h4rp3n3r

پاک کن

rubb3r

دفتر رسم

dr4w1n6 p4d

طراحی
....
dr4w1n6

قلم مو
....
p41n7bru5h

جعبه ی آبرنگ
....
p41n7 b0x

قیچی
....
5c1550r5

چسب
....
6lu3

کتاب تمرین
....
3x3rc153 b00k

تکلیف خانه
....
h0m3w0rk

رقم
....
numb3r

2+2

جمع کردن
....
4dd

5-2

تفریق کردن
....
5ub7r4c7

2×2

ضرب کردن
....
mul71ply

محاسبه کردن
....
c4lcul473

A

حرف الفبا
....
l3773r

ABCDEFG
HIJKLMN
OPQRSTU
VWXYZ

الفبا
....
4lph4b37

hello

کلمه
....
w0rd

متن

73x7

خواندن

r34d

گچ

ch4lk

درس

l3550n

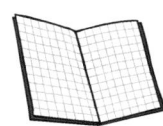

ثبت نام

r361573r

امتحان

3x4m1n4710n

مدرک رسمی

c3r71f1c473

لباس مدرسه

5ch00l un1f0rm

تحصیلات

3duc4710n

دانشنامه

3ncycl0p3d14

دانشگاه

un1v3r517y

میکروسکوپ

m1cr05c0p3

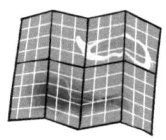

نقشه

m4p

سبد کاغذ باطله

w4573-p4p3r b45k37

هتل
h073l

Grand

مسافرخانه
h0573l

ROOMS

صرافی
curr3ncy 3xch4n63 0ff1c3

EXCHANGE

چمدان
5u17c453

اتومبیل
c4r

زبان
....
l4n6u463

بله / خیر
....
y35 / n0

اکی
....
0k4y

سلام
....
h3ll0

مترجم
....
7r4n5l470r

ممنون
....
7h4nk y0u

قیمت ... چه قدر است؟

....

h0w much 15

من متوجه نمی شوم

....

1 d0 n07 und3r574nd

مشکل

....

pr0bl3m

عصر بخیر! / شب بخیر!

....

600d 3v3n1n6!

صبح بخیر!

....

600d m0rn1n6!

شب بخیر!

....

600d n16h7!

خدانگهدار

....

600dby3

جهت

....

d1r3c710n

بار سفر

....

lu66463

کیف

....

b46

کوله پشتی

....

b4ckp4ck

مهمان

....

6u357

اتاق

....

r00m

کیسه خواب

....

5l33p1n6 b46

خیمه

....

73n7

مرکز راهنمای گردشگران

70ur157 1nf0rm4710n

ساحل

b34ch

کارت اعتباری

cr3d17 c4rd

صبحانه

br34kf457

نهار

lunch

شام

d1nn3r

بلیط

71ck37

آسانسور

3l3v470r

مهر

574mp

مرز

b0rd3r

گمرک

cu570m5

سفارتخانه

3mb455y

ویزا

v154

گذرنامه

p455p0r7

حمل و نقل
7r4n5p0r7

هواپیما
41rpl4n3
کشتی
5h1p
ماشین آتش نشانی
f1r3 7ruck
اتوبوس
bu5
کامیون
7ruck
قایق موتوری
m070rb047
دوچرخه
b1k3
اتومبیل
c4r

کشتی مسافربری
f3rry

قایق
b047

موتورسیکلت
m070rb1k3

ماشین پلیس
p0l1c3 c4r

ماشین مسابقه
r4c1n6 c4r

ماشین کرایه ای
r3n74l c4r

به اشتراک گذاری اتوموبیل

c4r 5h4r1n6

جرثقیل

70w 7ruck

ماشین حمل زباله

64rb463 7ruck

موتور

3n61n3

بنزین

fu3l

پمپ بنزین

fu3l 574710n

تابلو راهنمایی و رانندگی

7r4ff1c 516n

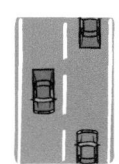

عبور و مرور

7r4ff1c

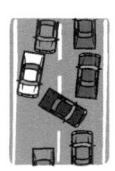

ترافیک

7r4ff1c j4m

پارکینگ

p4rk1n6 l07

ایستگاه قطار

7r41n 574710n

ریل راه آهن

7r4ck5

قطار

7r41n

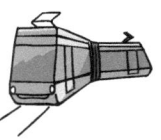

قطار برقی

7r4m

واگن

w460n

هلیکوپتر

h3l1c0p73r

فرودگاه

41rp0r7

برج

70w3r

مسافر

p4553n63r

کانتینر

c0n741n3r

کارتن

c4r70n

گاری

c4r7

سبد

b45k37

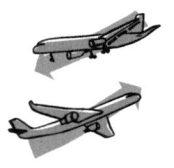

به پرواز درآمدن / فرود آمدن

74k3 0ff / l4nd

شهر

c17y

دهکده

v1ll463

مرکز شهر

c17y c3n73r

خانه

h0u53

سینما
m0v13 7h3473r
تبلیغ
4dv3r7
چراغ خیابان
57r337 l16h7
خیابان
57r337
تاکسی
74x1
دکه
5n4ck 5h0p
عابر پیاده
p3d357r14n
پیاده رو
51d3w4lk
چهارراه
cr0551n6
خط کشی عابر پیاده
z3br4 cr0551n6
سطل آشغال بزرگ
dump573r
چراغ راهنما
7r4ff1c l16h75

کلبه

hu7

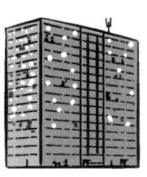

آپارتمان

4p4r7m3n7

ایستگاه قطار

7r41n 574710n

ساختمان شهرداری

c17y h4ll

موزه

mu53um

مدرسه

5ch00l

دانشگاه

un1v3r517y

بانک

b4nk

بیمارستان

h05p174l

هتل

h073l

داروخانه

ph4rm4cy

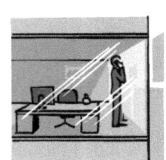

اداره

0ff1c3

کتابفروشی

b00k 5h0p

مغازه

5h0p

گل فروشی

fl0w3r 5h0p

سوپرمارکت

5up3rm4rk37

بازار

m4rk37

فروشگاه بزرگ

d3p4r7m3n7 570r3

ماهی فروش

f15hm0n63r'5 5h0p

مرکز خرید

m4ll

بندر

h4rb0r

پارک

p4rk

نیمکت

b3nch

پل

br1d63

پله

5741r5

مترو

5ubw4y

تونل

7unn3l

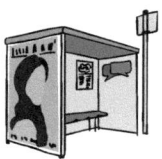

ایستگاه اتوبوس

bu5 570p

میخانه

b4r

رستوران

r3574ur4n7

صندوق پست

p057b0x

تابلوی خیابان

57r337 516n

دستگاه پارکومتر

p4rk1n6 m373r

باغ وحش

z00

استخر شنای عمومی

5w1mm1n6 p00l

مسجد

m05qu3

مزرعه
f4rm

آلودگی محیط زیست
p0llu710n

قبرستان
c3m373ry

کلیسا
church

زمین بازی
pl4y6r0und

معبد
73mpl3

چشم انداز

l4nd5c4p3

برگ
l34f

تابلوی راهنمای مسیر
516np057

راه
p47h

چمنزار
m34d0w

سنگ
570n3

درخت
7r33

راه نورد
h1k3r

رودخانه
r1v3r

چمن
6r455

گل
fl0w3r

دره

v4ll3y

تپه

h1ll

دریاچه

l4k3

جنگل

f0r357

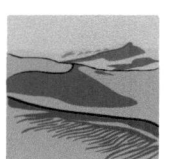

بیابان

d353r7

کوه آتشفشان

v0lc4n0

قلعه

c457l3

رنگین کمان

r41nb0w

قارچ

mu5hr00m

درخت نخل

p4lm 7r33

پشه

m05qu170

مگس

fly

مورچه

4n7

زنبور

b33

عنکبوت

5p1d3r

سوسک

b337l3

قورباغه

fr06

سنجاب

5qu1rr3l

جوجه تیغی

h3d63h06

خرگوش صحرایی

h4r3

جغد

0wl

پرنده

b1rd

قو

5w4n

گراز

b04r

گوزن نر

d33r

گوزن شمالی

m0053

سد آب

d4m

توربین بادی

w1nd 7urb1n3

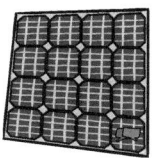

صفحه ی خورشیدی

50l4r p4n3l

آب و هوا

cl1m473

رستوران

r3574ur4n7

w4173r
منوی غذا
m3nu
صندلی
ch41r
سوپ
50up
پیتزا
p1zz4
سرویس کارد و قاشق و چنگال
cu7l3ry
رومیزی
74bl3cl07h

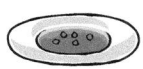

پیش‌غذا

574r73r

غذای اصلی

m41n c0ur53

دسر

d3553r7

نوشیدنی ها

dr1nk5

غذا

f00d

بطری

b077l3

فست فود
....
f457 f00d

اغذیه خیابانی
....
57r337 f00d

قوری
....
734p07

قندان
....
5u64r b0wl

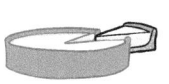

پُرس غذا
....
p0r710n

دستگاه اسپرسو
....
35pr3550 m4ch1n3

صندلی پایه بلند غذاخوری بچه
....
h16h ch41r

صورتحساب
....
b1ll

سینی
....
7r4y

چاقو
....
kn1f3

چنگال
....
f0rk

قاشق
....
5p00n

قاشق چایخوری
....
7345p00n

دستمال سفره
....
53rv13773

لیوان
....
6l455

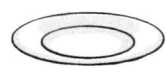

بشقاب

pl473

بشقاب سوپخوری

50up pl473

نعلبکی

54uc3r

سس

54uc3

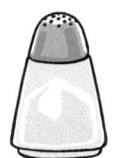

نمکدان

54l7 5h4k3r

فلفل ساب

p3pp3r m1ll

سرکه

v1n364r

روغن خوراکی

01l

ادویه جات

5p1c35

سس کچاپ

k37chup

سس خردل

mu574rd

سس مایونز

m4y0nn4153

سوپرمارکت

5up3rm4rk37

پیشنهاد ویژه
5p3c14l 0ff3r
مشتری
cu570m3r
لبنیات
d41ry pr0duc75
میوه جات
fru17
چرخ دستی خرید
5h0pp1n6 c4r7

قصابی

bu7ch3r'5 5h0p

نانوایی

b4k3ry

وزن کردن

w316h

سبزیجات

v36374bl35

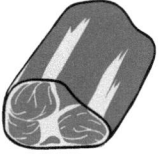

گوشت

m347

غذای منجمد

fr0z3n f00d

مخلوطی از انواع کالباس یا پنیر ک
ورقه ای بریده شده باشند

c0ld cu75

غذای کنسروی

c4nn3d f00d

پودر لباسشویی

d373r63n7

شیرینی جات

c4ndy

لوازم خانگی

h0u53h0ld pr0duc75

ماده شوینده و پاک کننده

cl34n1n6 pr0duc75

فروشنده

54l35 r3pr353n7471v3

صندوق پرداخت

c45h r361573r

صندوقدار

c45h13r

لیست خرید

5h0pp1n6 l157

ساعات کار

0p3n1n6 h0ur5

کیف پول

w4ll37

کارت اعتباری

cr3d17 c4rd

کیف

b46

کیسه ی پلاستیکی

pl4571c b46

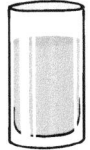

نوشیدنی ها
dr1nk5

آب

w473r

آبمیوه

ju1c3

شیر

m1lk

نوشابه کوکاکولا

c0k3

شراب

w1n3

آبجو

b33r

الکل

4lc0h0l

کاکائو

c0c04

چای

734

قهوه

c0ff33

قهوه اسپرسو

35pr3550

کاپوچینو

c4ppucc1n0

غذا

f00d

موز

....

b4n4n4

سیب

....

4ppl3

پرتقال

....

0r4n63

انواع هندوانه و خربزه

....

m3l0n

لیمو

....

l3m0n

هویج

....

c4rr07

سیر

....

64rl1c

نی بامبو

....

b4mb00

پیاز

....

0n10n

قارچ

....

mu5hr00m

آجیل

....

nu75

ماکارونی

....

n00dl35

اسپاگتی

....

5p46h3771

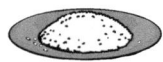

برنج

....

r1c3

سالاد

....

54l4d

سیب زمینی سرخ کرده

....

fr135

سیب زمینی سرخ شده

....

fr13d p0747035

پیتزا

....

p1zz4

همبرگر

....

h4mbur63r

ساندویچ

....

54ndw1ch

شنیتسل

....

35c4l0p3

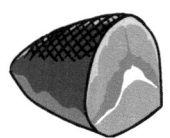

ژامبون خوک

....

h4m

سالامی

....

54l4m1

سوسیس

....

54u5463

مرغ

....

ch1ck3n

نوعی گوشت سرخ شده

....

r0457

ماهی

....

f15h

جوی پرک شده

p0rr1d63 0475

نوعی صبحانه مخلوطی از برگه ذرت و
میوه های خشک شده و خشکبار که
معمولا با شیر خورده می شود

mu35l1

کورن‌فلکس

c0rnfl4k35

آرد

fl0ur

کرواسان

cr01554n7

نان بروتشن

br34d r0ll

نان

br34d

نان تست

70457

بیسکویت

c00k135

کره

bu773r

کشک

curd

کیک

c4k3

تخم مرغ

366

تخم مرغ نیمرو

fr13d 366

پنیر

ch3353

بستنى

1c3 cr34m

شکر

5u64r

عسل

h0n3y

مربا

j3lly

کرم شکلاتی بادامی

n0u647 cr34m

ادویه کاری

curry

مزرعه

f4rm

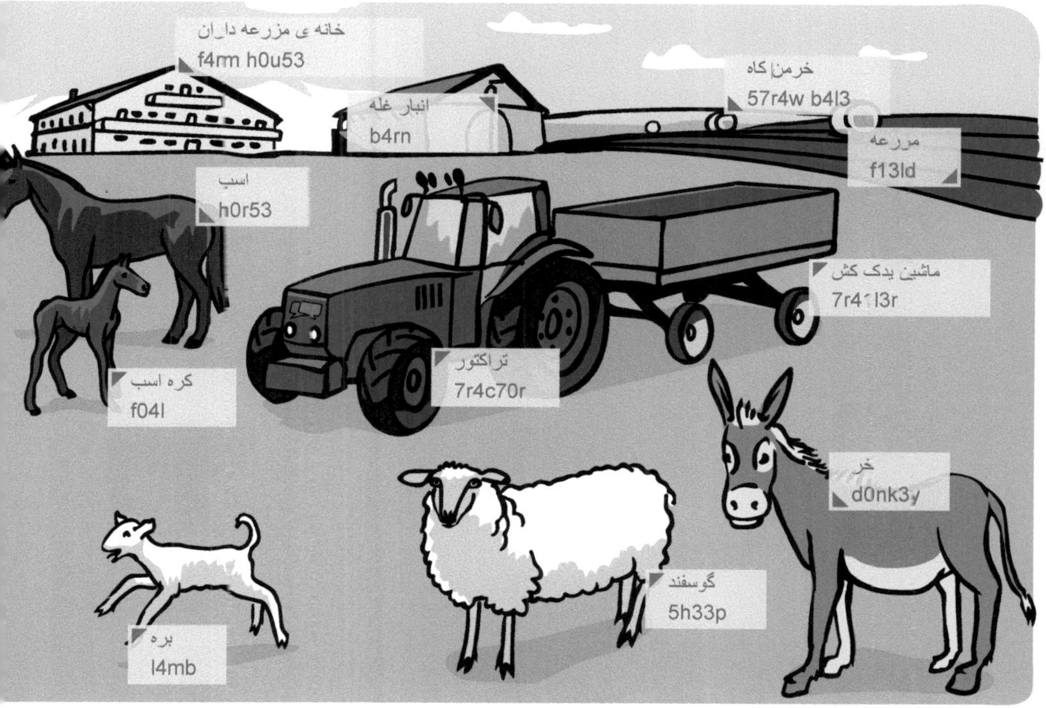

خانه ی مزرعه داران
f4rm h0u53
انبار غله
b4rn
خرمن گاه
57r4w b4l3
مزرعه
f13ld
اسب
h0r53
ماشین یدک کش
7r4il3r
کره اسب
f04l
تراکتور
7r4c70r
خر
d0nk3y
گوسفند
5h33p
بره
l4mb

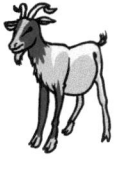

بز

6047

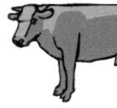

گاو ماده

c0w

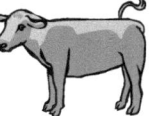

گوساله

c4lf

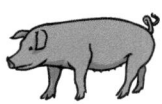

خوک

p16

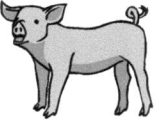

بچه خوک

p16l37

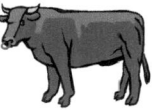

گاو نر

bull

غاز

....

60053

اردک

....

duck

جوجه

....

ch1ck

مرغ

....

h3n

خروس

....

c0ck3r3l

موش صحرایی

....

r47

گربه

....

c47

موش

....

m0u53

گاو نر اخته

....

0x

سگ

....

d06

لانه ی سگ

....

d06 h0u53

شلنگ باغبانی

....

64rd3n h053

آبپاش

....

w473r1n6 c4n

داس دسته بلند

....

5cy7h3

گاوآهن

....

pl0u6h

داس

51ckl3

کج بیل

h03

چنگک باغبانی

p17chf0rk

تبر

4x3

فرقون

pu5hc4r7

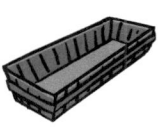

آبشخور

7r0u6h

بطری نگهداری شیر

m1lk c4n

کیسه

54ck

حصار

f3nc3

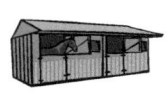

اصطبل

574bl3

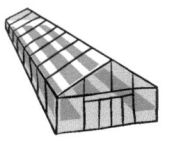

گلخانه

6r33nh0u53

خاک

501l

بذر

533d

کود

f3r71l1z3r

ماشین کمباین

c0mb1n3 h4rv3573⁻

برداشت کردن محصول

h4rv357

محصول

h4rv357

تمیس

y4m5

گندم

wh347

سویا

50y4

سیب زمینی

p07470

ذرت

c0rn

کلزا

r4p3533d

درخت میوه

fru17 7r33

گیاه مانیوک

m4n10c

غلات

6r41n

خانه
h0u53

دودکش
ch1mn3y
پشت بام
r00f
ناودان
d0wn5p0u7
پنجره
w1nd0w
گاراژ
64r463
زنگ در
d00rb3ll
در
d00r
سطل آشغال
7r45h c4n
صندوق مراسلات
m41lb0x
باغ
64rd3n

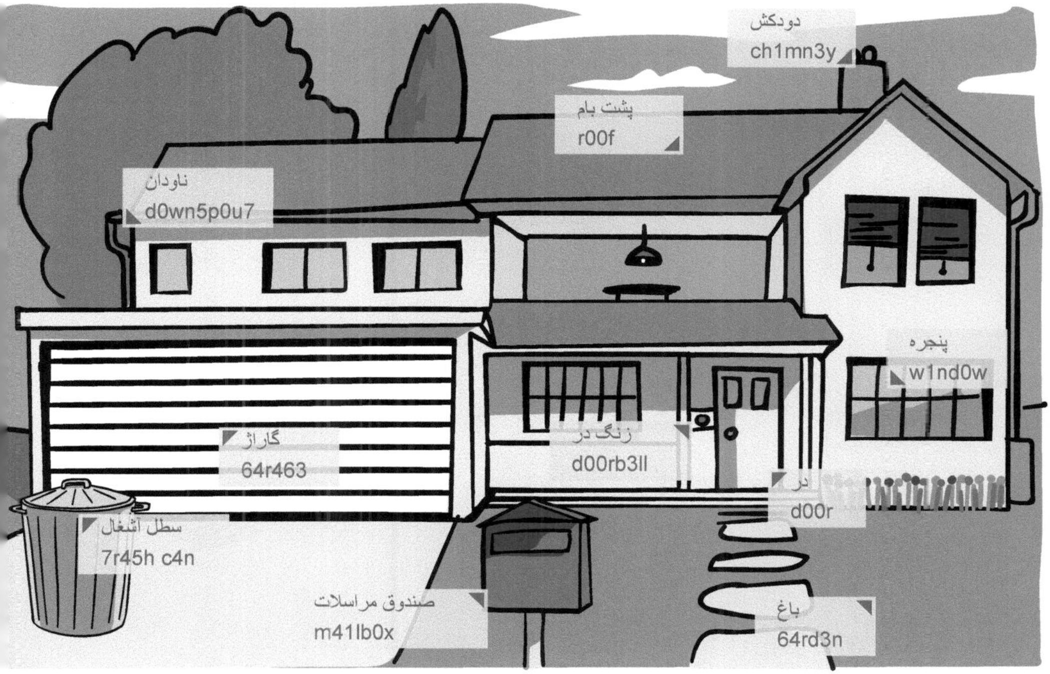

اتاق نشیمن

l1v1n6 r00m

حمام

b47hr00m

آشپزخانه

k17ch3n

اتاق خواب

b3dr00m

اتاق بچه

ch1ld'5 r00m

ناهارخوری

d1n1n6 r00m

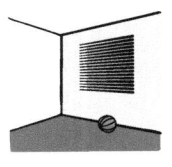

کف زمین

fl00r

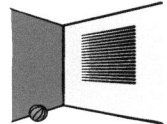

دیوار

w4ll

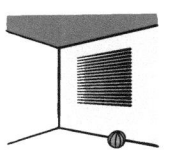

سقف

c31l1n6

زیرزمین

c3ll4r

سونا

54un4

بالکن

b4lc0ny

تراس

73rr4c3

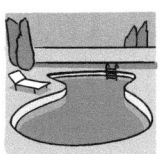

استخر

p00l

ماشین چمن‌زنی

l4wn m0w3r

ملافه

5h337

روتختی

b3d5pr34d

تخت خواب

b3d

جارو

br00m

سطل

buck37

سویچ یا کلید

5w17ch

اتاق نشیمن
l1v1n6 r00m

کاغذ دیواری
w4llp4p3r
عکس
p1c7ur3
لامپ
l4mp
قفسه
5h3lf
کابینت
c4b1n37
تلویزیون
73l3v1510n
شومینه
f1r3pl4c3
گل
fl0w3r
کوسن
cu5h10n
کاناپه
50f4
گلدان
v453
کنترل تلویزیون و ویدئو و غیره
r3m073 c0n7r0l

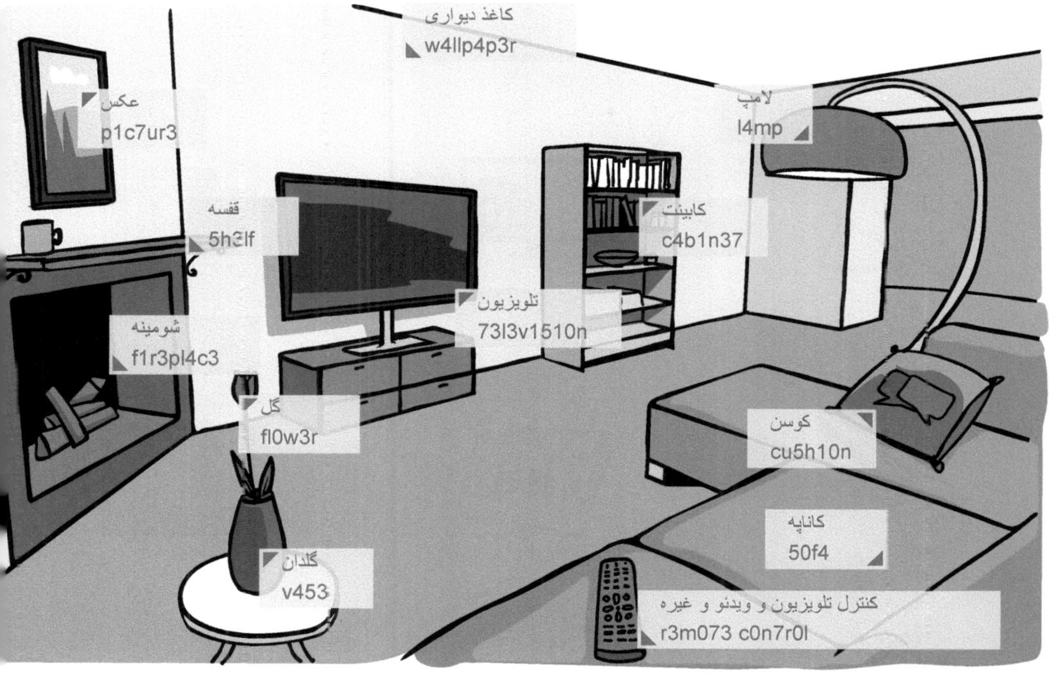

فرش
....
c4rp37

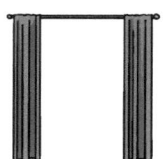

پرده
....
dr4p3

میز
....
74bl3

صندلی
....
ch41r

صندلی گهواره ایی
....
r0ck1n6 ch41r

صندلی راحتی
....
4rmch41r

کتاب

b00k

لحاف

bl4nk37

دکوراسیون

d3c0r4710n

هیزم

f1r3w00d

فیلم

f1lm

دستگاه ضبط صوت

573r30 5y573m

کلید

k3y

روزنامه

n3w5p4p3r

تابلو نقاشی

p41n71n6

پوستر

p0573r

رادیو

r4d10

دفترچه یادداشت

n073b00k

جاروبرقی

v4cuum cl34n3r

کاکتوس

c4c7u5

شمع

c4ndl3

آشپزخانه
k17ch3n

یخچال
fr1d63
ماکروویو
m1cr0w4v3 0v3n
تُستر
704573r
ماده شوینده و پاک کننده
cl34n1n6 463n7
فر خوراک پزی
570v3
جایخی
fr33z3r
سطل آشغال
7r45h c4n
ماشین ظرفشویی
d15hw45h3r

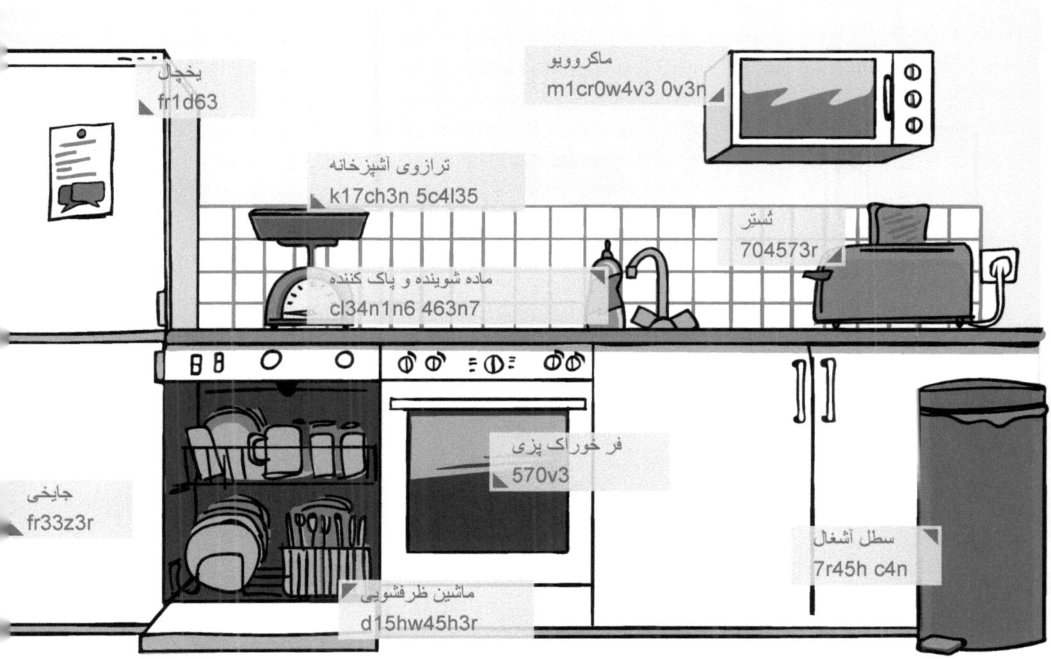

اجاق گاز

c00k3r

قابلمه

p07

قابلمه چدنی

c457-1r0n p07

ماهی تابه گود

w0k / k4d41

ماهی تابه

p4n

کتری

k377l3

بخارپز

....

5734m3r

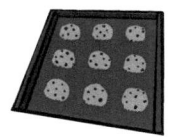

سینی فر

....

b4k1n6 7r4y

ظرف چینی آشپزخانه

....

cr0ck3ry

لیوان

....

mu6

کاسه

....

b0wl

چاپستیک

....

ch0p571ck5

ملاقه

....

l4dl3

کفگیر

....

5p47ul4

همزن

....

wh15k

آبکش

....

57r41n3r

آبکش

....

513v3

رنده

....

6r473r

هاون

....

m0r74r

باربیکیو

....

b4rb3cu3

محل مخصوص افروختن آتش

....

f1r3pl4c3

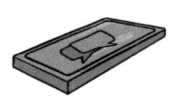

تخته گوشت و سبزی

ch0pp1n6 b04rd

وردنه

r0ll1n6 p1n

در بطری بازکن

c0rk5cr3w

قوطی

c4n

در قوطی بازکن

c4n 0p3n3r

دستگیره پارچه ای

0v3n cl07h

سینک ظرفشویی

51nk

برس گردگیری

bru5h

اسفنج

5p0n63

مخلوط کن

bl3nd3r

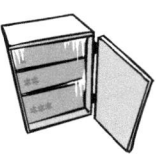

فریزر

d33p fr33z3r

شیشه شیر بچه

b4by b077l3

شیر آب

74p

حمام

b47hr00m

دوش
5h0w3r
بخاری
h3471n6
حوله
70w3l
پرده ی حمام
5h0w3r cur741n
حمام کف
bubbl3 b47h
وان حمام
b47h7ub
لیوان
6l455
ماشین لباسشویی
w45h1n6 m4ch1n3
شیر آب
74p
کاشی
71l35
لگن دستشویی کودکان
p077y
سینک ظرفشویی
51nk

توالت

701l37

توالت ایرانی

5qu47 701l37

کاسه توالت

b1d37

توالت مخصوص آقایان

ur1n4l

دستمال توالت

701l37 p4p3r

فرچه توالت

701l37 bru5h

38 حمام - b47hr00m

مسواک
7007hbru5h

خمیردندان
7007hp4573

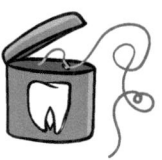

نخ دندان
d3n74l fl055

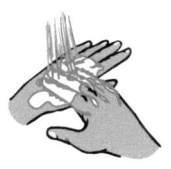

شستن
w45h

دوش آب تلفنی
h4nd 5h0w3r

شلنگ توالت
d0uch3

لگن روشویی
b451n

برس شست و شوی پشت
b4ck bru5h

صابون
504p

شامپو بدن
5h0w3r 63l

شامپو
5h4mp00

لیف حمام
fl4nn3l

راه آب
dr41n

کرم
cr3m3

اسپری دئودورانت
d30d0r4n7

آیینه

m1rr0r

آیینه ی کوچک دستی

h4nd m1rr0r

تیغ ریش تراشی

r4z0r

کف ریش‌تراشی

5h4v1n6 f04m

آفترشیو

4f73r5h4v3

شانه ی سر

c0mb

برس

bru5h

سشوار

h41r-dry3r

اسپری مو

h41r5pr4y

آرایش

m4k3up

رژلب

l1p571ck

لاک ناخن

n41l v4rn15h

پنبه

c0770n w00l

قیچی ناخن

n41l 5c1550r5

عطر

p3rfum3

کیف لوازم آرایشی و بهداشتی

w45hb46

چهارپایه

5700l

ترازو

w316h1n6 5c4l35

حوله ی پالتویی

b47hr0b3

دستکش ظرفشویی

rubb3r 6l0v35

تامپون

74mp0n

نوار بهداشتی

54n174ry 70w3l

توالت سیار

ch3m1c4l 701l37

اتاق بچه
ch1ld'5 r00m

ساعت زنگدار
4l4rm cl0ck
نوعی عروسک نرم به شکل حیوانات
cuddly 70y
ماشین اسباب بازی
70y c4r
جغجغه
r477l3
خانه ی عروسکی
d0ll'5 h0u53
کادو
pr353n7

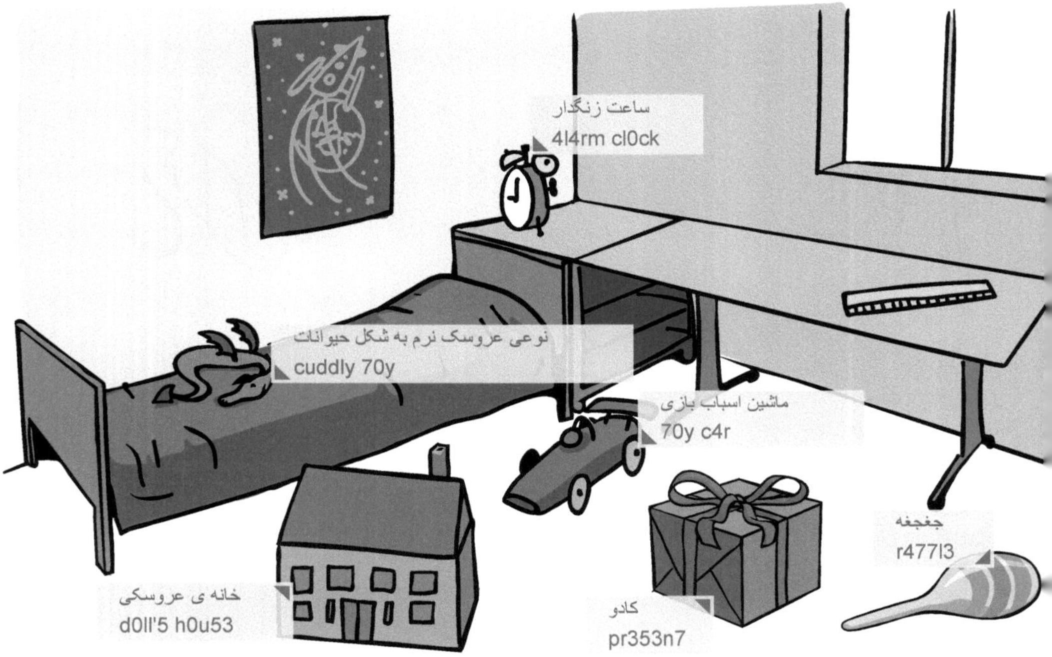

بادکنک
b4ll00n

تخت خواب
b3d

کالسکه بچه
57r0ll3r

بازی ورق
d3ck 0f c4rd5

پازل
j1654w

داستان مصور
c0m1c

اسباب بازی لگو

l360 br1ck5

خانه سازی

70y bl0ck5

عروسک شخصیت های فیلم و کارتون

4c710n f16ur3

لباس نوزاد

r0mp3r 5u17

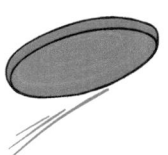

فریزبی

fr15b33

نوعی اسباب بازی که روی تخت نوزاد
یا کودک نصب می شود

m0b1l3

بازی روی صفحه

b04rd 64m3

تاس

d1c3

قطار اسباب بازی

m0d3l 7r41n 537

پستانک

dummy

مهمانی

p4r7y

کتاب مصور

p1c7ur3 b00k

توپ

b4ll

عروسک

d0ll

بازی کردن

pl4y

جعبه شنی مخصوص بازی کودکان
54ndp17

تاب
5w1n6

اسباب بازی
70y

کنسول بازی های کامپیوتری
v1d30 64m3 c0n50l3

سه چرخه
7r1cycl3

خرس عروسکی
73ddy b34r

کمد لباس
w4rdr0b3

لباس
cl07h1n6

جوراب
50ck5

جوراب زنانه ساق بلند
570ck1n65

جوراب شلواری
716h75

شال
5c4rf

چتر
umbr3ll4

تی شرت
7-5h1r7

کمربند
b3l7

پوتین
b0075

دمپایی
5l1pp3r5

کفش ورزشی کتانی
5n34×3r5

صندل
....
54nd4l5

کفش
....
5h035

چکمه پلاستیکی
....
rubb3r b0075

شرت
....
br13f5

سوتین
....
br4

جلیقه
....
und3r5h1r7

بادی

b0dy

شلوار

p4n75

جین

j34n5

دامن

5k1r7

بلوز

bl0u53

پیراهن

5h1r7

پولیور

pull0v3r

سویی شرتِ

5w3473r

نوعی کت

bl4z3r

ژاکت

j4ck37

کت بلند

c047

بارانی

r41nc047

لباس نمایش

c057um3

لباس

dr355

لباس عروس

w3dd1n6 dr355

کت و شلوار

5u17

لباس خواب زنانه

n16h760wn

پیژامه

p4j4m45

ساری

54r1

روسری

h34d5c4rf

عمامه

7urb4n

برقع

burk4

قبا

k4f74n

عبا

4b4y4

لباس شنا

5w1m5u17

شرت شنا

7runk5

شلوارک

5h0r75

لباس ورزشی

7r4ck5u17

پیشبند

4pr0n

دستکش

6l0v35

دکمه

bu770n

عینک

6l45535

دستبند

br4c3l37

گردنبند

n3ckl4c3

انگشتر

r1n6

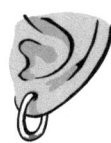

گوشواره

34rr1n6

کلاه لبه دار

c4p

چوب لباسی

c047 h4n63r

کلاه

h47

کراوات

713

زیپ

z1p

کلاه ایمنی

h3lm37

بند شلوار

br4c35

لباس مدرسه

5ch00l un1f0rm

لباس فرم

un1f0rm

پیش بند بچه
....
b1b

پستانک
....
dummy

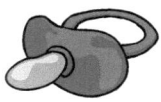

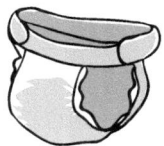

پوشک بچه
....
d14p3r

اداره

0ff1c3

سرور
53rv3r

کمد نگهداری پرونده
f1l1n6 c4b1n37

چاپگر
pr1n73r

مانیتور
m0n170r

کاغذ
p4p3r

ماوس
m0u53

میز تحریر
d35k

زونکن
f0ld3r

صفحه کلید
k3yb04rd

سبد کاغذ باطله
w4573-p4p3r b45k37

صندلی
ch41r

کامپیوتر
c0mpu73r

لیوان قهوه
....
c0ff33 mu6

ماشین حساب
....
c4lcul470r

اینترنت
....
1n73rn37

لپ تاپ
....
l4p70p

نامه
....
l3773r

پیغام
....
m355463

تلفن همراه
....
c3ll ph0n3

شبکه ی ارتباطی
....
n37w0rk

دستگاه فتوکپی
....
ph070c0p13r

نرم افزار
....
50f7w4r3

تلفن
....
73l3ph0n3

پریز
....
plu6 50ck37

دستگاه فاکس
....
f4x m4ch1n3

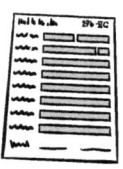

فرم
....
f0rm

مدرک
....
d0cum3n7

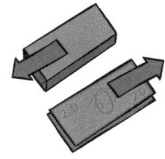

اقتصاد

3c0n0my

خریدن

buy

پرداخت کردن

p4y

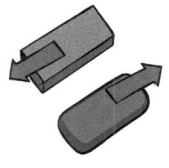

تجارت کردن

7r4d3

پول

m0n3y

دلار

d0ll4r

یورو

3ur0

ین

y3n

روبل

r0ubl3

فرانک سوئیس

5w155 fr4nc

یوان رنمینبی

r3nm1nb1 yu4n

روپیه

rup33

دستگاه خودپرداز

c45h p01n7

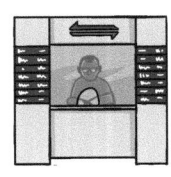

صرافی

curr3ncy 3xch4n63 0ff1c3

طلا

60ld

نقره

51lv3r

نفت

01l

انرژی

3n3r6y

قیمت

pr1c3

قرارداد

c0n7r4c7

مالیات

74x

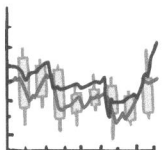

سهام سرمایه

570ck

کار کردن

w0rk

کارمند

3mpl0y33

کارفرما

3mpl0y3r

کارخانه

f4c70ry

مغازه

5h0p

مشاغل

0ccup4710n5

مامور پلیس
p0l1c3 0ff1c3r
آتش نشان
f1r3m4n
آشپز
c00k
دکتر
d0c70r
خلبان
p1l07

باغبان

64rd3n3r

نجار

c4rp3n73r

خیاط زنانه

534m57r355

قاضی

jud63

شیمیدان

ch3m157

بازیگر

4c70r

ر اننده اتوبوس

bu5 dr1v3r

ر اننده تاكسی

74x1 dr1v3r

ماهیگیر

f15h3rm4n

نظافتچی زن

cl34n1n6 l4dy

سقف ساز

r00f3r

پیشخدمت رستوران

w4173r

شکارچی

hun73r

نقاش

p41n73r

نانوا

b4k3r

برقکار

3l3c7r1c14n

کارگر ساختمانی

bu1ld3r

مهندس

3n61n33r

قصاب

bu7ch3r

لوله کش

plumb3r

پستچی

p057m4n

سرباز

50ld13r

معمار

4rch173c7

صندوقدار

c45h13r

گل فروش

fl0r157

آرایشگر

h41rdr3553r

مامور کنترل بلیط در قطار

c0nduc70r

مکانیک

m3ch4n1c

ناخدا

c4p741n

دندانپزشک

d3n7157

دانشمند

5c13n7157

عالم یهودی

r4bb1

امام

1m4m

راهب

m0nk

کشیش

p4570r

ابزارآلات
700l5

انبردست
pl13r5
چکش
h4mm3r
پیچ گوشتی
5cr3wdr1v3r
چراغ قوه
70rch
آچار
wr3nch

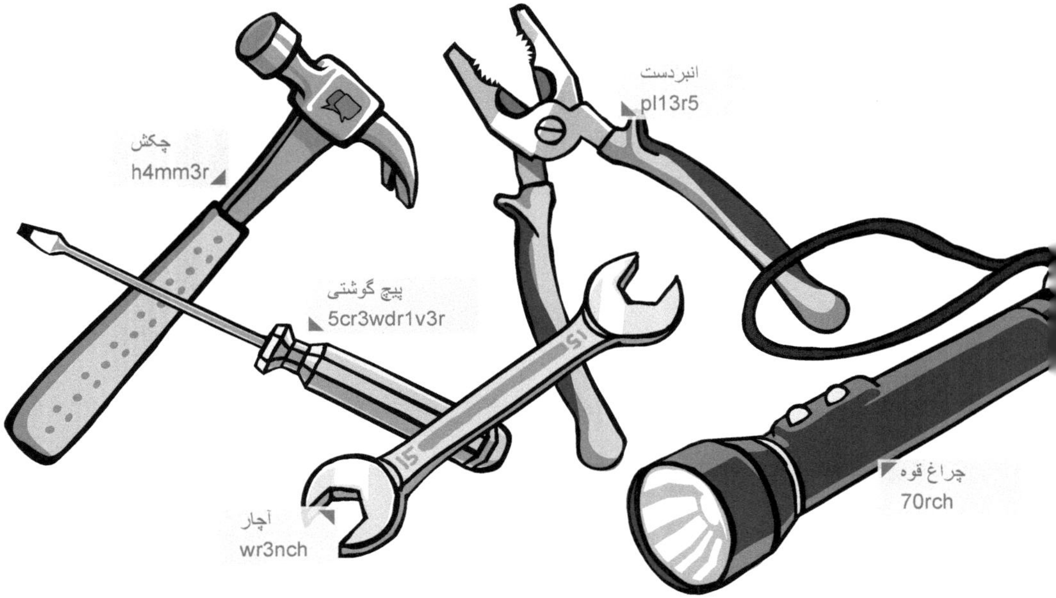

بیل مکانیکی

3xc4v470r

جعبه ابزار

700lb0x

نردبان

l4dd3r

ارّه

54w

میخ

n41l5

مته

dr1ll

تعمیر کردن

r3p41r

بیل

5h0v3l

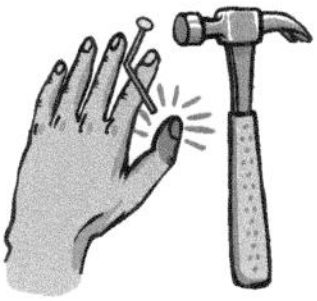

لعنتی!

d4mn!

خاک انداز

du57p4n

سطل رنگرزی

p41n7 c4n

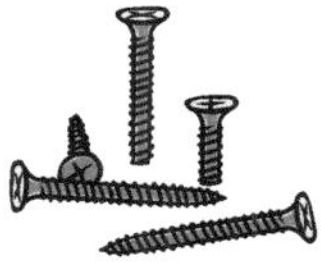

پیچ

5cr3w5

آلات موسیقی

mu51c4l 1n57rum3n75

درامز
drum 537

بلندگو
l0ud 5p34k3r

گیتار
6u174r

کنترباس
d0ubl3 b455

ترومپت
7rump37

پیانو

p14n0

ویولن

v10l1n

گیتار بیس

b455

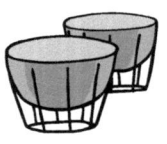

تیمپانی

71mp4n1

طبل

drum5

کیبورد الکتریک

k3yb04rd

ساکسیفون

54x0ph0n3

فلوت

flu73

میکروفون

m1cr0ph0n3

باغ وحش
z00

ورودی
3n7r4nc3
ببر
7163r
قفس
c463
گورخر
z3br4
خوراک حیوانات
4n1m4l f33d
خرس پاندا
p4nd4

حیوانات
....
4n1m4l5

فیل
....
3l3ph4n7

کانگورو
....
k4n64r00

کرگدن
....
rh1n0

گوریل
....
60r1ll4

خرس
....
b34r

شتر

c4m3l

شترمرغ

057r1ch

شیر

l10n

میمون

m0nk3y

فلامینگو

fl4m1n60

طوطی

p4rr07

خرس قطبی

p0l4r b34r

پنگوئن

p3n6u1n

کوسه

5h4rk

طاووس

p34c0ck

مار

5n4k3

تمساح

cr0c0d1l3

نگهبان باغ وحش

z00k33p3r

خوک آبی

534l

پلنگ امریکایی

j46u4r

اسب کوچک

p0ny

پلنگ

l30p4rd

اسب آبی

h1pp0

زرافه

61r4ff3

عقاب

346l3

گراز

b04r

ماهی

f15h

لاک پشت

7ur7l3

شیرماهی

w4lru5

روباه

f0x

غزال

64z3ll3

ورزش ها
5p0r75

فوتبال آمریکایی
4m3r1c4n f007b4ll
دوچرخه سواری
cycl1n6
تنیس
73nn15
بسکتبال
b45k37b4ll
شنا
5w1mm1n6
هاکی روی یخ
1c3 h0ck3y
بوکس
b0x1n6

فوتبال

50cc3r

بدمینتون

b4dm1n70n

دوومیدانی

47hl371c5

هندبال

h4ndb4ll

اسکی

5k11n6

پولو

p0l0

فعالیت ها

4c71v17135

خندیدن
l4u6h
پریدن
jump
بغل کردن
hu6
راه رفتن
w4lk
آواز خواندن
51n6
رؤیا دیدن
dr34m
دعا کردن
pr4y
بوسیدن
k155

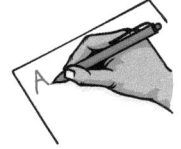

نوشتن

wr173

رسم کردن

dr4w

نشان دادن

5h0w

هل دادن

pu5h

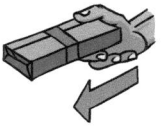

دادن

61v3

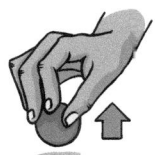

برداشتن

74k3

داشتن

h4v3

انجام دادن

d0

بودن

b3

ایستادن

574nd

دویدن

run

کشیدن

pull

پرتاب کردن

7hr0w

افتادن

f4ll

دراز کشیدن

l13

منتظر بودن

w417

حمل کردن

c4rry

نشستن

517

لباس پوشیدن

637 dr3553d

خوابیدن

5l33p

بیدار شدن

w4k3 up

تماشا کردن

l00k 47

گریه کردن

cry

نوازش کردن

57r0k3

شانه کردن

c0mb

حرف زدن

74lk

فهمیدن

und3r574nd

پرسیدن

45k

شنیدن

l1573n

آشامیدن

dr1nk

خوردن

347

مرتب کردن

71dy up

عاشق بودن

l0v3

پختن

c00k

رانندگی کردن

dr1v3

پرواز کردن

fly

قایقرانی کردن

541l

محاسبه کردن

c4lcul473

خواندن

r34d

یاد گرفتن

l34rn

کار کردن

w0rk

ازدواج کردن

m4rry

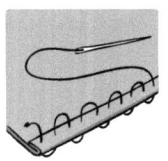

دوختن

53w

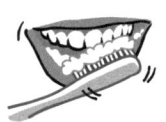

مسواک زدن

bru5h 7337h

کشتن

k1ll

سیگار کشیدن

5m0k3

فرستادن

53nd

خانواده

f4m1ly

مادربزرگ
6r4ndm07h3r
پدربزرگ
6r4ndf47h3r
پدر
f47h3r
مادر
m07h3r
کودک
b4by
فرزند دختر
d4u6h73r
فرزند پسر
50n

مهمان

6u357

خاله، عمه

4un7

دایی، عمو

uncl3

برادر

br07h3r

خواهر

51573r

بدن

b0dy

پیشانی
f0r3h34d
چشم
3y3
شانه
5h0uld3r
انگشت دست
f1n63r
صورت
f4c3
چانه
ch1n
دست
h4nd
ساق پا
l36
سینه
br3457
بازو
4rm

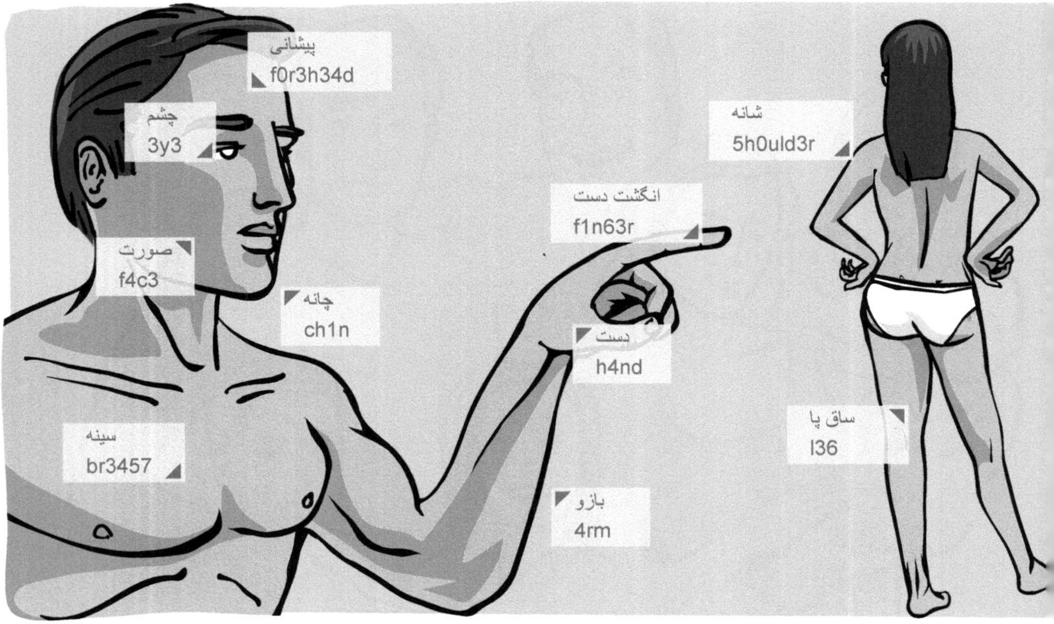

کودک

b4by

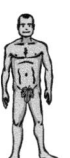

مرد

m4n

زن

w0m4n

دختربچه

61rl

پسربچه

b0y

کله

h34d

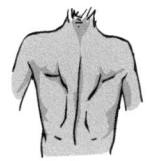

کمر

b4ck

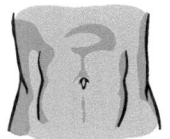

شکم

b3lly

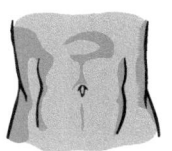

ناف

n4v3l

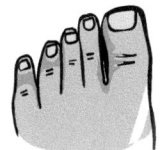

انگشت پا

703

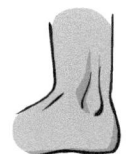

پاشنه

h33l

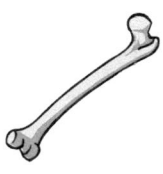

استخوان

b0n3

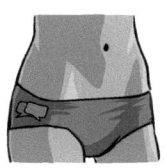

لگن

h1p

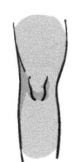

زانو

kn33

آرنج

3lb0w

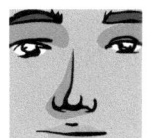

بینی

n053

نشیمنگاه

bu770ck5

پوست

5k1n

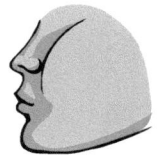

گونه

ch33k

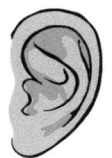

گوش

34r

لب

l1p

دهان

m0u7h

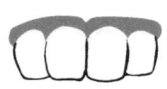

دندان

7007h

زبان

70n6u3

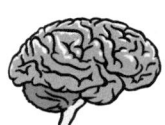

مغز

br41n

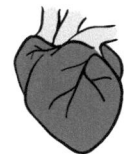

قلب

h34r7

عضله

mu5cl3

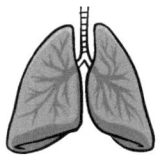

ریه

lun6

کبد

l1v3r

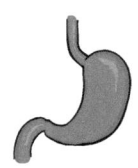

معده

570m4ch

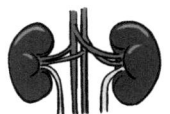

کلیه

k1dn3y5

آمیزش جنسی

53x

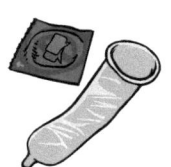

کاندوم

c0nd0m

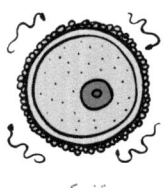

تخمک

0vum

اسپرم

53m3n

حاملگی

pr36n4ncy

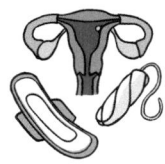

پریود
m3n57ru4710n

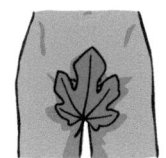

واژن
v461n4

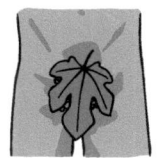

آلت تناسلی مرد
p3n15

ابرو
3y3br0w

مو
h41r

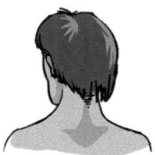

گردن
n3ck

بیمارستان
h05p174l

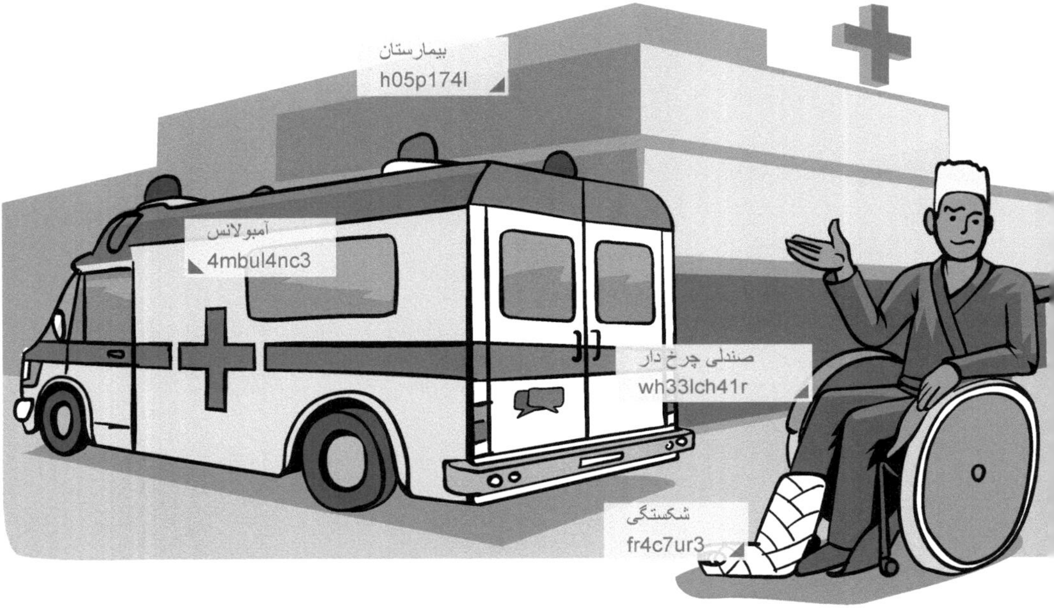

بیمارستان
h05p174l
آمبولانس
4mbul4nc3
صندلی چرخ دار
wh33lch41r
شکستگی
fr4c7ur3

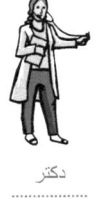

دکتر

d0c70r

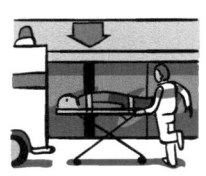

بخش اورژانس

3m3r63ncy r00m

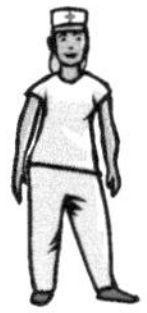

پرستار

nur53

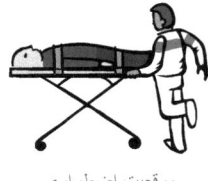

موقعیت اضطراری

3m3r63ncy

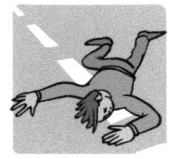

بی هوش

unc0n5c10u5

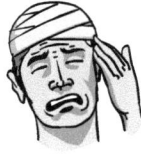

درد

p41n

مصدومیت

1njury

خونریزی

bl33d1n6

سکته قلبی

h34r7 4774ck

سکته مغزی

57r0k3

آلرژی

4ll3r6y

سرفه

c0u6h

تب

f3v3r

آنفولانزا

flu

اسهال

d14rrh34

سردرد

h34d4ch3

سرطان

c4nc3r

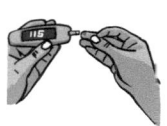

دیابت

d14b3735

جراح

5ur630n

چاقوی جراحی

5c4lp3l

عمل جراحی

0p3r4710n

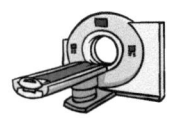

سی تی اسکن

c7

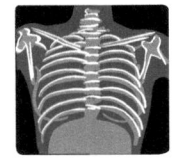

پرتونگاری

x-r4y

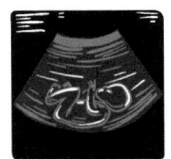

سونوگرافی

ul7r450und

ماسک صورت

f4c3 m45k

بیماری

d153453

اتاق انتظار

w4171n6 r00m

چوب زیر بغل

cru7ch

چسب زخم

pl4573r

پانسمان

b4nd463

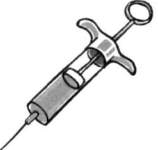

تزریق

1nj3c710n

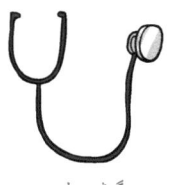

گوشی طبی

5737h05c0p3

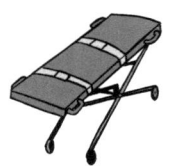

برانکار

57r37ch3r

دماسنج

cl1n1c4l 7h3rm0m373r

زایش

b1r7h

اضافه وزن

0v3rw316h7

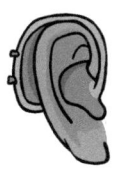

سمعک

h34r1n6 41d

ماده ضد غفونی کننده

d151nf3c74n7

عفونت

1nf3c710n

ویروس

v1ru5

اچ آی وی / ایدز

h1v / 41d5

دارو

m3d1c1n3

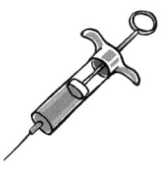

واکسیناسیون

v4cc1n4710n

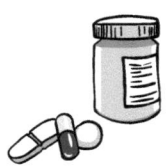

قرص

74bl375

قرص ضد حاملگی

p1ll

تماس اظطراری

3m3r63ncy c4ll

دستگاه اندازه گیری فشارخون

bl00d pr355ur3 m0n170r

مریض / سالم

1ll / h34l7hy

موقعیت اضطراری

3m3r63ncy

!کمک

h3lp!

آژیر خطر

4l4rm

حمله

4554ul7

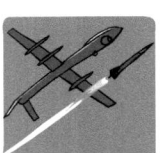

حمله ی فیزیکی

4774ck

خطر

d4n63r

خروج اظطراری

3m3r63ncy 3x17

آتش

f1r3!

کپسول آتش‌نشانی

f1r3 3x71n6u15h3r

تصادف

4cc1d3n7

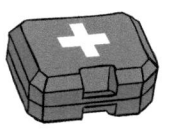

جعبه کمک های اولیه

f1r57-41d k17

درخواست کمک

505

پلیس

p0l1c3

اروپا

3ur0p3

آمریکای شمالی

n0r7h 4m3r1c4

آمریکای جنوبی

50u7h 4m3r1c4

آفریقا

4fr1c4

آسیا

4514

استرالیا

4u57r4l14

اقیانوس اطلس

47l4n71c

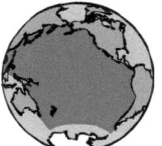

اقیانوس آرام

p4c1f1c

اقیانوس هند

1nd14n 0c34n

اقیا نوس اطلس جنوبی

4n74rc71c 0c34n

اقیانوس منجمد شمالی

4rc71c 0c34n

قطب شمال

n0r7h p0l3

قطب جنوب
....
50u7h p0l3

قاره قطب جنوب
....
4n74rc71c4

کره زمین
....
34r7h

سرزمین
....
l4nd

دریا
....
534

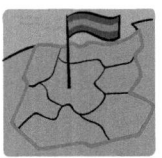

جزیره
....
15l4nd

ملت
....
n4710n

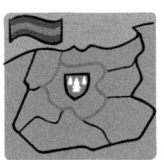

کشور
....
57473

ساعت

cl0ck

صفحه ی ساعت

....

cl0ck f4c3

ساعت شمار

....

h0ur h4nd

دقیقه شمار

....

m1nu73 h4nd

ثانیه شمار

....

53c0nd h4nd

ساعت چند است؟

....

wh47 71m3 15 17?

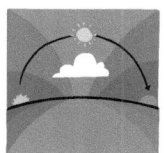

روز

....

d4y

زمان

....

71m3

اکنون

....

n0w

ساعت دیجیتال

....

d16174l w47ch

دقیقه

....

m1nu73

ساعت

....

h0ur

هفته

w33k

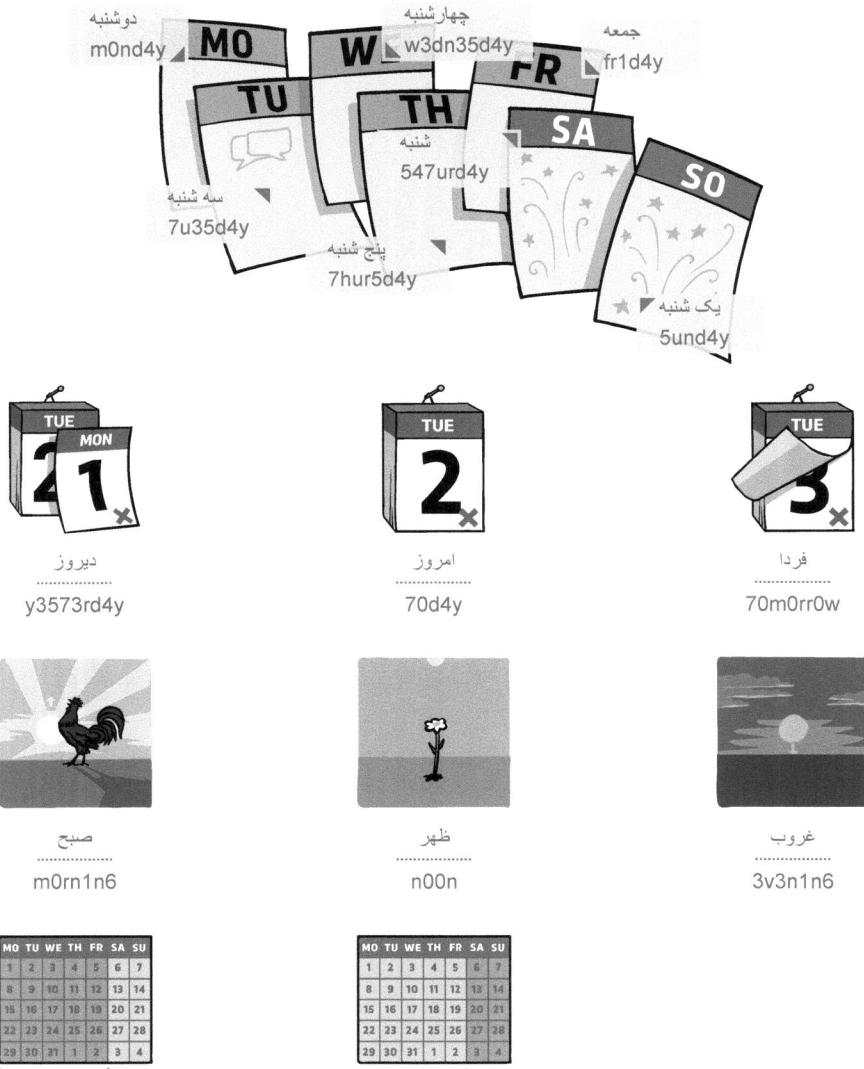

دوشنبه
m0nd4y
چهارشنبه
w3dn35d4y
جمعه
fr1d4y
سه شنبه
7u35d4y
شنبه
547urd4y
پنج شنبه
7hur5d4y
یک شنبه
5und4y
MO
TU
W
TH
FR
SA
SO

1

دیروز

y3573rd4y

امروز

70d4y

فردا

70m0rr0w

صبح

m0rn1n6

ظهر

n00n

غروب

3v3n1n6

روز های کاری

w0rkd4y5

آخر هفته

w33k3nd

سال
y34r

باران
r41n
رنگین کمان
r41nb0w
باد
w1nd
برف
5n0w
بهار
5pr1n6
تابستان
5umm3r
پاییز
f4ll
زمستان
w1n73r

4.APRIL 11°
5.APRIL 4°
6.APRIL 13°
7.APRIL 8°
8.APRIL 10°

پیش‌بینی اوضاع جوی
....
w347h3r f0r3c457

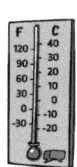

F
0
10
0
-10

دماسنج
....
7h3rm0m373r

تابش آفتاب
....
5un5h1n3

ابر
....
cl0ud

مِه
....
f06

رطوبت هوا
....
hum1d17y

صاعقه

l16h7n1n6

آسمان غره

7hund3r

طوفان

570rm

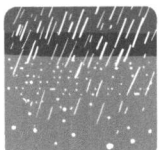

تگرگ

h41l

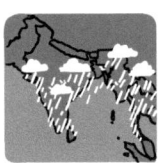

باد موسمی

m0n500n

سیل

fl00d

یخ

1c3

ژانویه

j4nu4ry

فوریه

f3bru4ry

مارس

m4rch

آوریل

4pr1l

مه

m4y

ژوئن

jun3

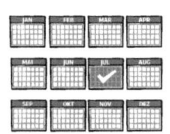

ژوئیه

july

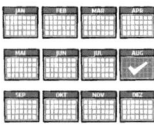

آگوست

4u6u57

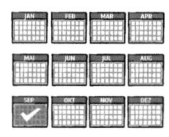

سپتامبر
....
53p73mb3r

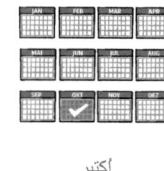

اُکتبر
....
0c70b3r

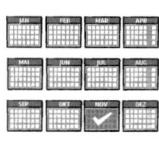

نوامبر
....
n0v3mb3r

دسامبر
....
d3c3mb3r

آشکال

5h4p35

دایره
....
c1rcl3

مربع
....
5qu4r3

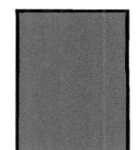

مستطیل
....
r3c74n6l3

سه گوش
....
7r14n6l3

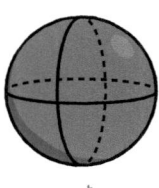

گره
....
5ph3r3

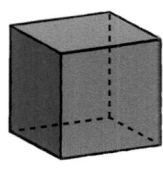

مکعب مربع
....
cub3

رنگ ها

c0l0r5

سفید

wh173

زرد

y3ll0w

نارنجی

0r4n63

صورتی

p1nk

قرمز

r3d

بنفش

purpl3

آبی

blu3

سبز

6r33n

قهوه ای

br0wn

خاکستری

6r4y

سیاه

bl4ck

خیلی / کم

4 l07 / 4 l177l3

خشمگین / آرام

4n6ry / c4lm

زیبا / زشت

b34u71ful / u6ly

شروع / پایان

b361nn1n6 / 3nd

بزرگ / کوچک

b16 / 5m4ll

روشن / تیره

br16h7 / d4rk

برادر / خواهر

br07h3r / 51573r

تمیز / آلوده

cl34n / d1r7y

کامل / ناقص

c0mpl373 / 1nc0mpl373

روز / شب

d4y / n16h7

مرده / زنده

d34d / 4l1v3

پهن / باریک

w1d3 / n4rr0w

قابل خوردن / غیر قابل خوردن

3d1bl3 / 1n3d1bl3

غضبناک / مهربان

3v1l / k1nd

هیجان زده / بی حوصله

3xc173d / b0r3d

چاق / لاغر

f47 / 7h1n

اولین / آخرین

f1r57 / l457

دوست / دشمن

fr13nd / 3n3my

پر / خالی

full / 3mp7y

سفت / نرم

h4rd / 50f7

سنگین / سبک

h34vy / l16h7

گرسنگی / تشنگی

hun63r / 7h1r57

مریض / سالم

1ll / h34l7hy

غیرقانونی / قانونی

1ll364l / l364l

باهوش / خنگ

1n73ll163n7 / 57up1d

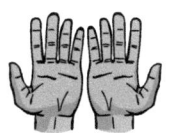

چپ / راست

l3f7 / r16h7

نزدیک / دور

n34r / f4r

نو / استفاده شده

n3w / u53d

هیچ چیز / چیزی

n07h1n6 / 50m37h1n6

پیر / جوان

0ld / y0un6

روشن / خاموش

0n / 0ff

باز / بسته

0p3n / cl053d

آهسته / بلند

qu137 / l0ud

ثروتمند / فقیر

r1ch / p00r

درست / غلط

r16h7 / wr0n6

زبر / صاف

r0u6h / 5m007h

غمگین / خوشحال

54d / h4ppy

کوتاه / بلند

5h0r7 / l0n6

کند / تند

5l0w / f457

تر / خشک

w37 / dry

گرم / خنک

w4rm / c00l

جنگ / صلح

w4r / p34c3

اعداد

numb3r5

0	1	2
صفر	یک	دو
z3r0	0n3	7w0
3	4	5
سه	چهار	پنج
7hr33	f0ur	f1v3
6	7	8
شش	هفت	هشت
51x	53v3n	316h7
9	10	11
نه	دَه	یازده
n1n3	73n	3l3v3n

12
دوازده
7w3lv3

13
سیزده
7h1r733n

14
چهارده
f0ur733n

15
پانزده
f1f733n

16
شانزده
51x733n

17
هفده
53v3n733n

18
هجده
316h733n

19
نوزده
n1n3733n

20
بیست
7w3n7y

100
صد
hundr3d

1.000
هزار
7h0u54nd

1.000.000
میلیون
m1ll10n

زبان ها

l4n6u4635

انگلیسی

....

3n6l15h

انگلیسی آمریکایی

....

4m3r1c4n 3n6l15h

چینی ماندارین

....

ch1n353 m4nd4r1n

هندی

....

h1nd1

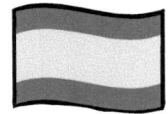

اسپانیایی

....

5p4n15h

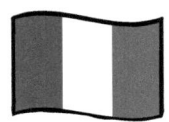

فرانسوی

....

fr3nch

عربی

....

4r4b1c

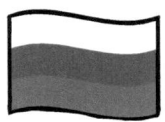

روسی

....

ru5514n

پرتغالی

....

p0r7u6u353

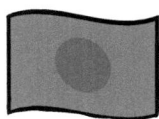

بنگالی

....

b3n64l1

آلمانی

....

63rm4n

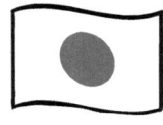

ژاپنی

....

j4p4n353

چه کسی / چه چیزی / چگونه

wh0 / wh47 / h0w

من

1

تو

y0u

او

h3 / 5h3 / 17

ما

w3

شما

y0u

آنها

7h3y

چه کسی؟ کی؟

wh0?

چی؟

wh47?

چگونه؟

h0w?

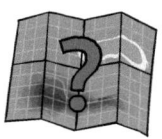

کجا؟

wh3r3?

کی؟

wh3n?

نام

n4m3

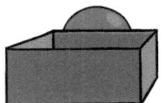

کجا

wh3r3

پشت

b3h1nd

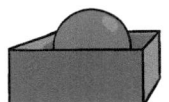

توی

1n

جلو

1n fr0n7 0f

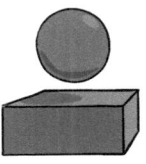

بالای

0v3r

روی

0n

زیر

und3r

مجاور

b351d3

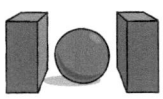

بین

b37w33n

مکان

pl4c3